ISBN : 978-2-412-03713-3
Dépôt légal : novembre 2018

Imprimé en Italie
Édition : Frédéric Lorreyte
Couverture et mise en page intérieure : NoOok
Illustrations : Freepik, Vecteezy, Shuttertock

Éditions First, un département d'Édi8
12, avenue d'Italie
75013 PARIS – France
Tél. : 01 44 16 09 00
Fax : 01 44 16 09 01
E-mail : firstinfo@efirst.com
Site Internet : www.editionsfirst.fr

Gisèle Foucher

TU SAIS QUE TU ES FAN DE GAME OF THRONES QUAND…

FIRST
ÉDITIONS

AVANT-PROPOS

Game of Thrones, c'est une série où les hommes et les femmes sont sur un pied d'égalité. Enfin presque. Un monde où les Dothrakis trouvent qu'un mariage sans au moins trois morts est un mariage ennuyeux. Un casting où rien n'a été laissé au hasard. Pour preuve : six actrices viennent du porno.

Tuer ne pose aucun problème aux protagonistes ; pour certains, c'est même un art de vivre.

« Le chaos n'est pas une fosse, le chaos est une échelle », comme le susurre Lord Baelish. Et du chaos, on peut dire qu'il y en a !

Game of Thrones, une série culte parmi d'autres ? Non, c'est la meilleure. N'a-t-on pas chacun en soi un peu de Jon Snow, de Tyrion Lannister ou de Daenerys Targaryen ? un peu des mauvaises pensées de Cersei Lannister ?

Et qui n'a jamais rêvé d'un dragon comme animal de compagnie ?

FAN DE *GAME OF THRONES*, ICI S'OUVRE TON ROYAUME !

TU SAIS QUE TU ES FAN DE *GoT* QUAND...

- ... tu te réveilles en criant : « King in the North ! »
- ... tu sais évidemment ce que veut dire *GoT*, ce qui n'est pas le cas des autres.
- ... tu décapites à tour de bras les champignons dans ton assiette.
- ... dès que tu vois un corbeau s'envoler, tu cherches le message accroché à sa patte.
- ... tu mets sans arrêt ton DVD sur pause quand ton voisin te demande « C'est qui, déjà, celui-là ? »

RÉPLIQUE CULTE

« Je jure par les anciens dieux, et les nouveaux… »

Au cas où, on ne sait jamais.
Il ne faudrait pas que
tu en vexes quelques-uns.

IL FAUT BIEN L'AVOUER, DANS LE ROYAUME DES SEPT COURONNES...

... il valait mieux
ne pas être
une femme à
cette époque
(ni un homme,
d'ailleurs).

SI TU N'ES PAS SAGE...

Si tu as fait des bêtises, il existe un bon moyen de te racheter : tu t'engages dans la Garde de Nuit et tu surveilles le Mur. Mais bon, tu vas expier jusqu'à la fin de ta vie, c'est un peu long. Surtout que tu pourrais un peu mourir sans que tu le veuilles.

Il faut que tu saches aussi que c'est là qu'on envoie ceux dont on veut se débarrasser. J'dis ça...

TU SAIS QUE TU ES FAN DE *GoT* QUAND...

- ... tu sais qu'il existe un Nord, et un Nord super-froid où il vaut mieux ne pas aller si tu ne veux pas te retrouver avec les yeux bleus et une tête de déterré.
- ... tu réponds avec philosophie à quelqu'un qui te demande comment ça va : *Winter is coming*. Parfois, ça fait lever les sourcils, mais les fans sont avec toi.
- ... fidèle, tu n'as pas abandonné la série après la mort de Ned Stark.

LA PANOPLIE DU PARFAIT VEILLEUR

Tu ne peux pas être un bon veilleur si :

- tu n'as pas une peau de loup à te mettre sur les épaules ;
- tu as du mal à retenir un texte trop long ;
- tu aimes les climats méditerranéens ;
- tu veux des enfants dans ta vie.

LE NOMBRE DE FOIS OÙ...

... tu as vu des seins dans la première saison

28 fois, soit un total de 56 seins, ce qui fait une moyenne de 5,6 seins par épisode, le 0,6 correspondant à un peu plus d'une moitié de sein. Mais on voit des torses d'hommes aussi.

DEVINETTE

Quelle est la devise de la maison Bolton ?

Réponse : « Nos lames sont acérées. » Il est vrai que lorsqu'on voit leur étendard, on se dit qu'ils ont dû être bouchers dans une autre vie…

EXISTE-T-IL DES AVANTAGES À NE PAS REGARDER LA SÉRIE ?

- Tu restes un agneau innocent buvant dans le cours d'eau, ignorant des tortures du nouveau monde (et de l'ancien).
- Tu te couches plus tôt le soir.
- Tu dors bien et tu ne fais pas de cauchemars.
- Tu fais encore confiance aux autres.

PHRASE QUI TUE

« Tu es une petite créature malveillante, fourbe, lubrique et pleine d'envie. La loi des hommes t'autorise à porter mon nom et mes couleurs, puisque je ne peux pas prouver que tu n'es pas de moi. »

(Tywin Lannister, à son fils Tyrion. Vraiment pas sympa !)

TEST

As-tu réussi à dépasser la première saison ?

Si oui, bravo, tu es résistant ! En fait, un peu de batailles et de tortures, ça ajoute du corps à l'histoire pour toi. De plus, tes yeux de lynx t'ont permis de suivre les scènes tournées dans le noir, tu n'as donc perdu aucun détail, yesss.

Et si la violence et le gore sont des choses que tu trouves légitimes, tu dois certainement regarder *The Walking Dead* aussi.

Si non, désolé, tu n'es pas un réel fan de *GoT*. Tu as juste voulu comprendre le succès de cette série et tu as conclu après la saison 1 que tu préférais dorénavant garder tes repas dans ton estomac.

TU ES DÉFINITIVEMENT FAN DE *GoT* SI...

... tu n'as pas hésité à te payer un voyage à Chicago pour aller regarder avec d'autres fans les épisodes de la série au *Burlington Bar*.

Et tant qu'on y est, tu es même parti en Laponie passer une nuit dans l'hôtel *HBO Nordic* pour dormir au milieu de tes personnages préférés. Alors là, tu as fait très fort !

LÀ, TU N'AS PAS COMPRIS

Tu protestes :
« Hé ! Daario Naharis, dans la saison 4, ce n'est pas le même acteur que dans la saison 3 ! »

(D'ailleurs, si tu n'as repéré que celui-là, c'est que tu n'es pas si fan que ça.)

SI TU ARRIVES À RÉPONDRE À ÇA, TU ES UN VRAI FAN DE SAGAS

Combien d'acteurs as-tu reconnus dans *GoT* qui ont également joué dans *Harry Potter* ?

Réponse : trois.

- Natalia Tena (la sauvageonne Osha) interprétait le rôle de Nymphadora Tonks.
- David Bradley (le vil Lord Walder), celui d'Argus Rusard.
- Et Michelle Fairley (Catelyn Stark), celui de la mère d'Hermione Granger.

DEVINETTE

Quelle est la devise de la maison Stark ?

a. « Ça caille dans ch'Nord ! »

b. « L'hiver arrive. »

c. « Mangeons tant qu'il fait encore chaud. »

Réponse : b. Bien que dans leur pays, l'hiver a tendance à durer toute l'année. Mais on se comprend.

ÉNIGME

À plusieurs endroits dans la série, un des gars du Nord va d'un ton morne prononcer cette vérité fatidique : *The Long Night is coming.* (« La Longue Nuit arrive. »)

À quoi fait-il référence ?

a. À l'horaire d'hiver.

b. À la mort.

c. À la nuit polaire qui a lieu dans les régions proches des pôles et qui dure six mois.

Réponse : Ah là là, si tu as donné une des trois réponses, tu n'as rien compris ! Il ne te reste plus qu'à revoir la série.

PHRASES QUI TUENT

Daenerys reçoit une belle jument en cadeau. Comme elle est bien élevée, elle veut remercier poliment son généreux bienfaiteur :

« Ser Jorah, je ne sais pas comment dire merci en dothraki.

– Merci est un mot qui n'existe pas en dothraki. »

Voilà, voilà, comme ça, elle sait où elle va.

LÀ, TU N'AS PAS COMPRIS

Tu t'es demandé si tu n'avais pas rêvé quand un député a osé prononcer *Valar dohaeris* (« Tout homme doit servir ») dans un de ses discours.

A-t-il compris que c'était surtout la devise des Sans-Visage, qui peuvent changer d'apparence à volonté et qui offrent la mort à qui la demande ?

PARCE QUE LA RÉPONSE EST HYPER-IMPORTANTE

Quel serait le personnage de *GoT* que tu aimerais avoir comme ami ?

Attention, réfléchis bien avant de répondre, ce n'est pas si facile que ça si tu prends en compte toutes les saisons. À qui pourrais-tu vraiment tout dire ?

DE DRÔLES DE SIMILITUDES...

Certains héros de la série ne te rappellent-ils pas des personnages historiques ?
Par exemple Cersei, ou Brienne, ou encore Joffrey ?

Cersei Lannister >> Isabeau de Bavière
Toutes deux reines, incestueuses et remplies d'une violence meurtrière.

Brienne de Torth >> Jeanne d'Arc
N'a-t-elle pas la même loyauté à toute épreuve, au péril de sa vie ?

Joffrey Baratheon >> Caligula
On se demande pourquoi…

Tu en trouves d'autres ?

RÉPLIQUE CULTE

Syrio Forel à Arya Stark :

« Sache qu'il n'y a qu'un dieu, et son nom est la Mort. Et on ne dit qu'une chose à la Mort : "Pas aujourd'hui !" »

On te l'accorde, ça fait un peu lugubre dit comme ça.

LA PANOPLIE DU PARFAIT ROI

Être roi dans *GoT* demande certaines dispositions :

- être porté sur la boisson, la nourriture, la guerre et le sang ;
- avoir un bâtard dans chaque port (en tuer un de temps en temps sera parfois nécessaire) ;
- ne pas aimer son épouse (ce qui explique, ou non, les bâtards) ;
- cultiver quelques gènes de folie ;
- être pas mal obtus dès que la fierté en prend un coup ;
- conserver un peu de poison pour les autres, ça peut toujours servir.

Et surtout, vouloir s'emparer par tous les moyens du Trône de Fer !

UNE SENTENCE QUI FAIT FROID DANS LE DOS

Daario Naharis, en réponse à Daenerys qui hésite à stopper la rébellion par le sang et qui proteste :

« Je suis une reine, pas un boucher !

– Un dirigeant est soit un boucher, soit de la viande. »

Oui, la démocratie était encore un terrain vierge et inconnu...

TU SAIS QUE TU ES FAN DE *GoT* QUAND...

... tu sais ÉVIDEMMENT que *Snow* ne veut pas dire « neige » ; et tu regardes avec une indulgence un rien condescendante celui qui affirme le contraire en consultant le dictionnaire.

S'il insiste, tu lui réponds : « Est-ce que tu sais quelles personnes on appelle John Doe aux États-Unis ? »

Et s'il ne comprend toujours pas, tu l'achèves : « Et chez les Dorniens, on les appelle des Sand. »

N'ESSAIE PAS DE LE REFAIRE CHEZ TOI

Te façonner un casque en or en faisant couler le métal précieux sur ta tête n'est pas une bonne idée.

Soit, ton casque épousera parfaitement la forme de ton crâne, mais tu ne seras plus vivant pour t'en apercevoir.

MAIS... MAIS... MAIS...

Margaery, elle ne jouait pas dans la série *Les Tudors* ?

Mais si, la reine Anne Boleyn, aux côtés d'Henri VIII !

La pauvre, vraiment pas de chance.

SIMILAIRE, CE N'EST PAS PAREIL

Tu te rends compte que dans *The Walking Dead*, il y a aussi des traîtres et des chuchoteurs partout, que les spectres ressemblent aux rôdeurs et que les morts se relèvent dans les deux séries !

Paniqué, tu cherches fébrilement sur Google quelle histoire a été inventée avant l'autre*.

* Nous, on le sait ! Et comme on est sympa, on a caché la réponse dans ce livre. À toi de trouver !

PARCE QUE LA RÉPONSE EST HYPER-IMPORTANTE

Est-ce que Jorah Mormont, le conseiller de Daenerys, va finir par la mettre dans son lit ?

Le problème, c'est qu'il n'a pas encore trouvé de fontaine de jouvence.

Mais surtout, si tu te poses la question, c'est que tu n'as pas regardé la série jusqu'au bout !

TU VAS ME HAÏR

Si les Îles de Fer ne sont qu'un « amas de roches et d'oiseaux », comment Euron Greyjoy arrive-t-il à faire construire mille navires, le tout en à peine quelques semaines ?

Mille navires, c'est une grosse quantité d'arbres ! Et d'après des historiens, à cette époque moyenâgeuse (bien que fictive), une telle entreprise aurait exigé un an et demi de travaux et une dizaine de milliers d'ouvriers.

Il ne les aurait pas plutôt volés... ?

Y EN A QUI N'ONT VRAIMENT PAS DE CHANCE !

Il vaut mieux ne pas être Polonais quand tu regardes *GoT* : pour leur traduction audio, c'est le même type qui double les voix de tous les personnages, même féminins !

Plus triste encore, le doublage s'arrête à la saison 5.

QUOI ? LES POLONAIS N'ONT PAS AIMÉ LA SÉRIE ?!

En tout cas, le doubleur prend sa fonction trèèès au sérieux. À écouter d'urgence.

SENTENCE INSPIRÉE

« Comme le disait mon père, mieux vaut être lâche une minute que mort le reste de ta vie. »

Il a toujours eu un côté pragmatique, Ser Davos Mervault*. On reconnaît bien là sa puissance !

* Pour les fans qui pensent en VO : Davos Seaworth.

TEST

Voyons si tu as eu l'œil

Le contexte : conseil restreint réunissant Kevan Lannister, le grand mestre Pycelle, Olenna et Mace Tyrell. La situation est préoccupante, tout le monde affiche une mine grave.

C'est alors qu'un événement hilarant se produit.

L'as-tu repéré ?*

* Réponse à la fin du livre.

LÀ, TU N'AS PAS COMPRIS

Toi aussi, tu trouves totalement irresponsable que Jorah Mormont dans la saison 5 prenne la main de Daenerys pour l'emmener loin des Fils de la Harpie. Il l'a touchée ! Mais il pensait à quoi, là ?

SI TU ARRIVES À RÉPONDRE À ÇA, TU ES FORT

Dans la saison 2, alors que Sam, tremblant, se cache des spectres qui avancent vers lui, un cavalier blanc s'arrête à son niveau, le regarde et poursuit tranquillement son chemin pour aller attaquer les autres humains.

Mais pourquoi ?!

L'énigme reste complète. Les Marcheurs Blancs ne sont pourtant pas réputés pour être des tendres…

QUAND LA MAGIE A DES RATÉS

Mélisandre, la « femme rouge », porte toujours un collier dont on se demande – avec raison – s'il n'est pas magique.

Dans la saison 6, on constate qu'effectivement il a certains pouvoirs, car quand elle le retire pour aller se coucher… aaaaaaaaaah ! L'horreur.

Mais souvenons-nous :

Dans la saison 4, on la voit dans son bain, nue, sans collier et… ben il ne se passe rien.

Y aurait-il un problème de pleine lune ?

QUESTION PIÈGE

Quel personnage de *GoT* n'a jamais trahi qui que ce soit ?

Réponse : si tu as pensé à Arya, revois ton jugement. En effet, n'est-elle pas partie en laissant sa sœur aux mains de Joffrey ? Même si Sansa était assez aveugle pour s'amouracher du roi, elle n'en était pas moins une Stark.

Non, celle qui n'a jamais trahi les êtres à qui elle a juré fidélité, c'est la belle et grande Brienne de Torth. Pourtant, ses sentiments pour Jaime ont joué de nombreuses fois dans la balance…

TU VAS ME HAÏR

Ben alors, on perd son récepteur micro au moment de mourir ?

Un bel anachronisme, digne de *Retour vers le futur*.

Avoue, tu l'avais remarqué ?

C'est dans la saison 5, au moment où – ATTENTION SPOILER ! – Stannis Baratheon meurt sur le champ de bataille. Si, si, là, juste à côté de lui.

BLAGUE DE TARGARYEN

« Pourquoi tu ne leur as pris que leurs chevaux et leurs femmes ?

– Leur monnaie ne valyrien. »

TU SAIS QUE TU ES FAN DE *GoT* QUAND...

- ... tu comprends parfaitement pourquoi les cheveux de Daenerys ne prennent pas feu lorsqu'elle sort d'une fournaise.
- ... tu te dis que tu donnerais bien le nom de Drogon à ton futur fils.
- ... tu ne rates JAMAIS un épisode 9 (ni un seul épisode d'ailleurs).
- ... tous les lundis, au bureau (*of course*, tu as regardé la série lors de son premier passage en VO sur HBO), tu as élaboré des pronostics sur le prochain personnage qui allait mourir, et dans quelles conditions atroces.
- ... tu as passé tes fins de soirée à théoriser sur les saisons suivantes avec tes copains.

DEVINETTE

Quelle est la devise de la maison Greyjoy ?

a. « Nous ne semons pas. »

b. « Battons le fer tant qu'il est chaud. »

c. « Ce qui est mort ne saurait mourir. »

Réponses : a (l'officielle) et c (celle qu'on se dit dans l'intimité ou pour se reconnaître).

TU SAIS QUE TU ES FAN DE *GoT* QUAND...

- ... tu réponds : « Tu ne comprends rien ! » en pestant en dothraki lorsqu'on te dit que la série n'est qu'une excuse à la violence, à l'alcool et au sexe.
- ... tu t'exclames : « C'est vraiment gore ! », en regardant quand même jusqu'au bout toutes les batailles et toutes les tortures.
- ... tu détestes Ramsay Snow-Bolton, c'est un vrai détraqué… mais ses yeux sont d'un bleu !
- ... tu salues tes potes en disant : *Valar morghulis* (ce qui ne veut absolument pas dire : « Bonjour », mais : « Tout homme doit mourir »).

IL FAUT BIEN L'AVOUER...

... ce sont de grands enfants, les guerriers Fer-nés.

Pour consacrer un roi, ils jouent à le noyer, puis le ramènent sur la berge et attendent de voir s'il se réveille. Quitte ou double. Ils ont tendance à prendre un peu trop à la lettre leur devise : « Ce qui est mort ne saurait mourir. »

PARCE QUE LA RÉPONSE EST HYPER-IMPORTANTE

Tu sais – parce que tu t'es renseigné – qu'il existe du verredragon à Châteaudun.

Du coup, tu te demandes s'il a existé des Marcheurs Blancs en France…

RÉPLIQUES CULTE

Tyrion, opposé à l'élimination des maîtres esclavagistes, répliquant à l'ex-esclave Missandei :

« Croyez-moi, je sais d'expérience que l'esclavage est une horreur.

– Combien de jours avez-vous été esclave ?

– Assez pour savoir.

– Pas assez longtemps pour comprendre. »

DE DRÔLES DE SIMILITUDES...

As-tu remarqué que la fille blonde sans nom*, au service du Dieu Multiface, qui poursuit Arya dans les rues de la ville, a la même façon de courir que l'androïde T-1000 en métal liquide de *Terminator 2* ?

* Ou la Gamine abandonnée.

C'EST TOTALEMENT JUSTIFIÉ !

Oui, il y a beaucoup de sexe et de violence dans les premières saisons, mais c'est pour bien souligner la brutalité de la vie à cette époque. On n'y peut rien, c'était comme ça !

Dans les saisons suivantes, l'accent est porté sur les stratégies élaborées, donc forcément moins de sexe, moins de violence, ce qui nuit *un peu* à la cohérence. Dommage.

CLEGANE LE JUSTICIER

Sandor Clegane (dit le Limier), face à la Fraternité sans Bannière qui veut pendre des meurtriers, alors que lui souhaite les étriper :

SANDOR, *conciliant.* – OK, je vais juste en étriper un.

BÉRIC. – Non !

SANDOR, *cherchant à négocier.* – Je tranche une main.

DONDARRION. – On t'en a donné deux [hommes] sur trois par compassion. C'est généreux !

SANDOR, *jetant sa hache, très contrarié, là.* – Bande de lâches ! Jadis, je vous aurais tué tous les sept pour pouvoir étriper ces trois-là !

C'ÉTAIT LE BON TEMPS...

Lorsque Ser Davos rencontre Gendry sur son lieu de travail et lui demande de le suivre, le forgeron n'hésite pas une seconde : il lâche tout, ses outils, sa boutique, son métier, comme ça, sans installer de panneau signalant la fermeture ni prévenir qui que ce soit, et sans remplir de papiers ni payer ses impôts.

Ah, la vie était simple en ce temps-là...

TU AS FAILLI FAIRE UNE SYNCOPE

Tu regardes ta série, tranquille, et soudain ton cœur manque un battement :

J… J… Jaime… Aaargh… !

Viiite, l'épisode suivant !

Ouf, merci, Bronn, tu es notre héros (du moment, du moment. Il ne faut pas faire de l'ombre à Jaime quand même).

N'ESSAIE PAS DE LE REFAIRE CHEZ TOI

Si tu as la chance qu'on t'offre des œufs de dragon fossilisés pour Noël, n'essaie pas de les mettre dans le feu, et toi avec : tu risques de te faire très mal…

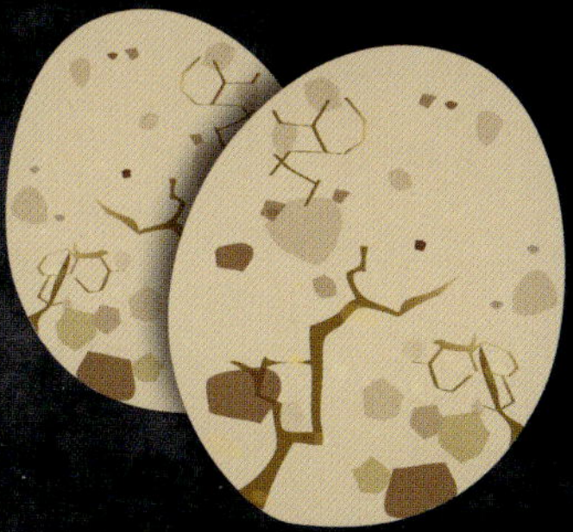

TU ES DÉFINITIVEMENT FAN DE *GoT* QUAND...

- ... tu as lu la saga *Le Trône de Fer* AVANT de regarder la série. Et là, tu peux te la ramener : « Ouais, normalement, Tyrion, il ne devrait plus avoir de nez du tout ! »
- ... le serment de la Garde de Nuit est la seule récitation que tu aies jamais apprise jusqu'au bout et que tu peux répéter mot pour mot, en prenant un air grave et inspiré.

RÉPLIQUE CULTE

« Regarde bien mon visage, c'est le dernier que tu verras le jour de ta mort. »

(Brrr… Même en cellule, Cersei fait peur. Sa geôlière aurait dû se méfier.)

IL Y A QUAND MÊME UN PETIT TRUC QUI TE CHIFFONNE...

Arya prend plusieurs coups de couteau dans le ventre, arrive agonisante chez sa nouvelle copine, et le lendemain la voilà toute guillerette, qui court pour échapper à la Gamine abandonnée*. Elle saute des murs, sprinte, feinte… Bref, rien ne l'arrête.

Aurait-elle reçu un bonus de vie ?

* La fille blonde sans nom.

EXISTE-T-IL DES AVANTAGES À NE PAS REGARDER LA SÉRIE ?

- Tu peux lire un livre.
- Tu as plein d'autres activités.
- Tu n'affiches pas un air tragique dès que l'hiver arrive.
- Tu ne risques pas de te faire spoiler.

CE QUE TU AS QUAND MÊME DÉTESTÉ DANS *GoT*

Quand Ned Stark est mort.

Quand Robb Stark est mort.

Quand Margaery Tyrell est morte.

Quand Hodor est mort.

Ah bon, j'ai spoilé ?

ÉNIGME

Si Cersei Lannister se mariait avec Loras Tyrell et que Margaery Tyrell (la sœur de Loras) se mariait avec Joffrey Baratheon (le fils de Cersei), Cersei deviendrait :

a. la belle-mère de Margaery ?

b. la belle-sœur de Margaery ?

Réponse : les deux, et en plus Loras deviendrait à la fois le beau-frère et le beau-père de Joffrey et de Margaery. Bref, un beau bazar.

PARCE QUE LA RÉPONSE EST HYPER-IMPORTANTE

Tu es plutôt :

Daenerys ?

Jaime ?

Brienne ?

Arya ?

Réponses :

- Si tu te sens plutôt Daenerys, je veux être comme toi !
- Si tu te sens plutôt Jaime, tu es secrètement aimé par une certaine Brienne. Fais gaffe, elle est grande.
- Si tu te sens plutôt Brienne, c'est bien aussi d'être robuste.
- Si tu te sens plutôt Arya, c'est pas beau de voler le visage des autres ! Tu en as déjà un, sois content.

LE NOMBRE DE…

… morts, toutes saisons confondues jusqu'à la septième :

174 373

Si, si, y en a qui ont compté.

La bonne nouvelle, c'est que tu n'as pas le temps de te lasser des personnages.

TU SAIS QUE TU ES FAN DE *GoT* QUAND...

- ... tu es capable de nommer d'un seul trait les sept familles principales de la série, alors que tu ne te souviens plus du nom de ton Premier ministre.
- ... tu connais par cœur la devise de chaque maison, il est vrai un peu simplette (mais on t'arracherait le cœur plutôt que de te faire avouer ça, ce serait un outrage à la série).
- ... tu cherches des livres d'interprétation des rêves pour savoir ce que ça signifie vraiment de rêver d'une corneille à trois yeux.

DEVINETTE

Alors, tu as trouvé quelle œuvre précède l'autre ?

The Walking Dead ou *Game of Thrones* ?

Réponse : yesssss ! Le premier tome de *GoT* est paru en 1996, alors que les comic books de *The Walking Dead* n'ont été publiés qu'en 2003. Tu as eu chaud ! Tu peux laisser tes ongles tranquilles, c'est bon maintenant.

SI TU ARRIVES À RÉPONDRE À ÇA, TU ES FORT

As-tu réussi à comprendre
le paradoxe de Bran,
qui est à l'origine du blocage mental
de Hodor parce qu'en prenant
possession de l'esprit du Hodor
du présent, il fait soudain vivre
mentalement au Hodor du passé
un avenir inconnu de lui à ce moment-là
qui va lui valoir son handicap ?

**Finalement, raconté comme ça,
c'est clair.**

LA MORALE DANS CETTE HISTOIRE...

... c'est qu'il ne faut pas énerver Daenerys.

Quand elle fond sur l'armée de Jaime, on se rend bien compte que son sang a un peu chauffé, là, et qu'elle a fini par suivre les conseils d'Olenna Tyrell.

Mais tout ce qu'elle veut, c'est la paix, quoi !

TU SAIS QUE TU ES FAN DE *GoT* QUAND...

- ... tu sais déjà que ton fils s'appellera Daario et ta fille Arya.
- ... tu y regardes à deux fois maintenant avant d'embrasser quelqu'un sur la bouche.
- ... tu te méfies des femmes en rouge.
- ... tu pries les Sept, bien que tu ne saches pas trop comment ils s'appellent En fait, c'est un peu confus, car la « Foi », qui est le « culte des Sept », parle d'un dieu unique. Bref.

PHRASES QUI TUENT

Il aurait mieux valu ne pas poser la question…

Tyrion Lannister à son père Tywin :

« Quand avez-vous déjà fait quelque chose qui n'était pas dans votre intérêt, mais uniquement au profit de la famille ?

– Le jour où tu es né. »

Outch, ça fait mal.

IL FAUT BIEN L'AVOUER...

... il existe certaines situations – peu, il est vrai – où l'émasculation est un avantage. Quand, par exemple, tu te reçois des coups de pied dans l'entrejambe.

C'est en tout cas ce qu'a dû se dire Theon en se battant avec ses copains sur la plage.

JEU DE RÔLE

Fan de séries que tu es, tu t'es dit qu'il serait drôle de regarder *GoT* en remplaçant les dialogues par d'autres à la sauce *Kaamelott*.

Après tout, Léodagan, le beau-père d'Arthur, ferait un Limier parfait.

Léodagan/Limier. – Une pendaison, ça fait fiotte, ça ! Étriper, voilà, ça c'est du travail propre !

Bohort/Dondarrion. – Seigneur Limier, vos mots débordent sur la pente de votre hargne, abusant vos sens. Je vois bien que votre âme est chagrine.

Perceval/Beric. – C'est pas faux.

POURQUOI IL VAUT MIEUX REGARDER LA SÉRIE EN VO

Dans la saison 6, tu apprends ENFIN pourquoi Hodor s'appelle Hodor.

Sauf que dans les sous-titres français, *Hold the door !* est traduit par : « Pas au-dehors !… Au-dehors ! », alors que la bonne traduction est : « Tiens la porte ! »

En même temps, « Tiens la porte », ce n'est pas très courant comme prénom, même en contractant la phrase : « Tiaporte !… Tiorte ! »

Non, ça le fait pas.

DEVINETTE

Quelle est la devise de la Banque de fer ?

Réponse : « La Banque de fer obtient toujours son dû. » Et devinez avec qui elle entretient d'excellentes relations ? Avec les Lannister, parce qu'« un Lannister paye toujours ses dettes ». Finalement, n'est-ce pas ce à quoi s'attend tout banquier ?

L'IMPOSSIBLE S'EST PRODUIT

Tu n'en as pas cru tes yeux et tes oreilles : la saison 6 a été diffusée AVANT la sortie du livre correspondant !

Pauvre George R. R. Martin, rattrapé par ses personnages télévisés, qui ont décidé de se passer de lui pour poursuivre tranquilles leurs petites affaires.

C'est comme si on était entré dans un roman de Stephen King. Les héros vont-ils finir par tuer l'auteur ? **Tin-tin-tin-tin… !**

N'ESSAIE PAS DE LE REFAIRE CHEZ TOI

Si tu as des boutons d'acné, ne cherche pas à les faire disparaître à la façon de Sam Tarly sur la peau de Jorah Mormont.

Tu risques de ne plus pouvoir te présenter à un concours de beauté.

TU SAIS QUE TU ES FAN DE *GoT* QUAND...

- ... tu ne te creuses pas désespérément les méninges pour te rappeler pourquoi la pièce qu'Arya présente au capitaine en récitant la devise de Braavos lui vaut un voyage gratuit vers la Cité libre. Tu sais que c'est Jaqen qui la lui a donnée. Et tu sais QUI est Jaqen.
- ... tu dis que tu vas en Essos pour dire que tu vas skier en Suisse (mais tu ne diras pas cassos, sauf s'il est très tard).
- ... dès que tu as su que Jaime Lannister passait ses vacances dans le Lot, tu as sauté dans un train et tu as parcouru tout le département à sa recherche.

PARCE QUE LA RÉPONSE EST HYPER-IMPORTANTE

Est-ce que le docteur Frankenstein de Cersei, le mestre déchu Qyburn, pourra rendre sa virilité à Ver Gris ?

MDR

Toi aussi, ça t'a fait rire ?

Jon Snow, accompagné de Ser Davos, fait face à Daenerys et Missandei. Les deux souverains vont être présentés l'un à l'autre.

Missandei, la première, leur énumère les titres de sa reine :

« Vous êtes en présence de Daenerys du Typhon, de la maison Targaryen, Héritière légitime du Trône de Fer, Reine légitime des Andals et des Premiers Hommes, Protectrice des Sept Couronnes, Mère des Dragons, Khaleesi de la Grande Mer d'Herbe, l'Imbrûlée, la Briseuse de Chaînes. »

Ser Davos, déstabilisé, présente après un temps de retard et sur une sollicitation muette de Jon Snow – son roi :

« Lui, c'est Jon Snow. »

Gros blanc. Il sent bien qu'il doit continuer... Pris d'une illumination, il ajoute :

« C'est le Roi du Nord ! »

TU SAIS QUE TU ES FAN DE *GoT* QUAND...

- ... tu as regardé tous les bonus de toutes les saisons (et tu t'en sers pour montrer que TOI, tu es un vrai fan).
- ... tu n'as pas attendu les rediffusions ou les DVD pour voir la série, tu as tout vu avant tout le monde (mais dans ce cas-là, tu t'appelles aussi un geek).
- ... tu trouves la couleur vert fluo particulièrement jolie, et sa propagation très fluide. Du travail de pro (tu serais pas un geek ?).

LA MORALE DANS CETTE HISTOIRE

Tu as donc regardé les bonus et tu t'es rendu compte que finalement, les Targaryen ne sont pas plus légitimes que les autres pour le Trône de Fer. Ce sont même les pires.

Et tu comprends mieux pourquoi la quasi-totalité des grandes maisons en veulent à Daenerys Targaryen.

DE DRÔLES DE SIMILITUDES...

Like si toi aussi, tu as trouvé que le mestre accueillant Sam Tarly à la Citadelle avait un petit air de bureaucrate.

« La situation n'a pas été régularisée », bla-bla-bla…

Il s'en est fallu de peu qu'il lui demande sa carte d'identité et une facture d'électricité.

BIG RATEAU

Sansa, un peu énervée, à Lord Baelish qui ouvre la bouche :

« Inutile de dire un mot de plus, j'imaginerai un mot d'esprit. »

Ouh là ! Je serais à la place de Lord Baelish, je commencerais sérieusement à m'interroger sur mon magnétisme.

DEVINETTE

Qui est l'actrice qui joue Talisa, la femme de Robb Stark ?

Réponse : mais oui, c'est Oona Chaplin, la petite-fille de Charlie Chaplin !

TU VAS ME HAÏR

Jon Snow, même quand il dort, on dirait qu'il a mal.

Peut-être est-ce parce qu'il sait ce qui l'attend…

TEST

pour savoir si tu es vraiment un fan de *GoT*

Alors comme ça, tu connaîtrais par cœur le serment de la Garde de Nuit ?

Eh bien, vas-y, on t'écoute !

« Oyez mes paroles et soyez témoins de mon serment. La nuit se regroupe, et voici que débute ma garde. Jusqu'à ma mort, je la monterai. Je ne prendrai femme, ne tiendrai terres, n'engendrerai. Je ne porterai de couronne, n'acquerrai de gloire. Je vivrai et mourrai à mon poste. Je suis l'épée dans les ténèbres. Je suis le veilleur au rempart. Je suis le feu qui flambe contre le froid, la lumière qui rallume l'aube, le cor qui réveille les dormeurs, le bouclier protecteur des royaumes humains. Je voue mon existence et mon honneur à la Garde de Nuit, je les-lui voue pour cette nuit-ci comme pour toutes les nuits à venir. »

TU ES DÉFINITIVEMENT FAN DE *GoT* QUAND...

- ... tu ne joues pas à *Candy Crush* en attendant la fin du générique.
- ... tu n'as pas hésité à revoir toute la série pour être sûr d'avoir bien tout compris. D'ailleurs, tu t'exclames souvent : « Aaah… Maintenant, je vois pourquoi… ! »
- ... tes vacances sont devenues des pèlerinages vers les lieux de tournage de ta série culte.
- ... tu as téléchargé l'appli pour apprendre le dothraki, parce que c'est vraiment une langue hyper-cool.

RÉSULTAT DU TEST

Voyons si tu as eu l'œil...
En l'occurrence, si tu as eu l'ouïe.

Nous sommes dans la saison 6. Durant ce conseil restreint, le vieux Pycelle est en train de casser du sucre sur Gregor Clegane, dit la Montagne, sans se rendre compte que celui-ci arrive dans son dos. Devant le silence de mort de l'assemblée, Pycelle finit par se retourner, aperçoit le géant tout en muscles, se décompose… et laisse échapper un magnifique pet ! Que les personnes attablées ont la décence de ne pas relever, ce qui est tout à leur honneur.